A a

Abelha

A

a

B b

Bola

B

b

C c

Caranguejo

C

c

D d

Dinossauro

D D D D D D D D D D

D D D D D

d d d d d d d d d d d d d d d

d d d d d d

E e

Elefante

E

e

F f

Folha

F

f

G g

Galinha

H h

Hipopótamo

H

h

I i

Índio

I

i

J j

Jacaré

J

j

K k

Kart

K

k

L l

Leão

L

l

M m

Maçã

M

m

N n

Navio

N

n

O o

Ovelha

O

o

P p

Palhaço

p

p

Q q

Queijo

Q Q Q Q Q Q Q Q Q Q Q

Q Q Q Q Q

q q q q q q q q q q q q q q q

q q q q q q q

R r

Rato

R

r

S s

Sorvete

S

s

T t

Tartaruga

T

t

U u

Urso

U

u

V v

Vaca

V

v

W w

Windsurf

W

w

Xícara

X

x

Y y

Yoga

Y

y

Z z

Zebra

Z

z

Parabéns! Você já sabe escrever todas as letras cursivas! Agora, vamos treinar as palavras!

Sorvete

Suco

Celular

Cachorro

Bola

A a

Avestruz

Avestruz Avestruz

Avestruz

Abelha Abelha

Abelha

Árvore Árvore

Árvore

Avião Avião

Avião

B b

Bola

Bola Bola

Bola

Banana Banana

Banana

Bode Bode

Bode

Biscoito Biscoito

Biscoito

C c

Cobra

Cobra Cobra

Cobra

Casa Casa

Casa

Cebola Cebola

Cebola

Chuva Chuva

Chuva

D d

Dado

Dado Dado

Dado

Dente Dente

Dente

Dinheiro Dinheiro

Dinheiro

Doce Doce

Doce

E e

Elefante

Elefante Elefante

Elefante

Escola Escola

Escola

Educação Educação

Educação

Exemplo Exemplo

Exemplo

Ff

Foca

Foca Foca

Foca

Fada Fada

Fada

Ferro Ferro

Ferro

Fundo Fundo

Fundo

G g

Galo

Galo Galo

Galo

Geladeira Geladeira

Geladeira

Girafa Girafa

Girafa

Grilo Grilo

Grilo

H h

Hipopótamo

Hipopótamo Hipopótamo

Hipopótamo

Handebol Handebol

Handebol

Herói Herói

Herói

Hospital Hospital

Hospital

I i

Índio

Índio Índio

Índio

Isca Isca

Isca

Igreja Igreja

Igreja

Imagem Imagem

Imagem

J j

Jacaré

Jacaré Jacaré

Jacaré

Janela Janela

Janela

Joelho Joelho

Joelho

Judô Judô

Judô

K k

Kart

Kart Kart

Kart

Karaokê Karaokê

Karaokê

Kiwi Kiwi

Kiwi

Karatê Karatê

Karatê

L l

Leão

Leão Leão

Leão

Laranja Laranja

Laranja

Luva Luva

Luva

Lixeira Lixeira

Lixeira

Mm

Macaco

Macaco Macaco

Macaco

Maçã Maçã

Maçã

Menino Menino

Menino

Museu Museu

Museu

N n

Navio

Navio Navio

Navio

Noite Noite

Noite

Nuvem Nuvem

Nuvem

Natal Natal

Natal

O o

Ovelha

Ovelha Ovelha

Ovelha

Onda Onda

Onda

Objeto Objeto

Objeto

Ovo Ovo

Ovo

P p

Porco

Porco Porco

Porco

Panela Panela

Panela

Piloto Piloto

Piloto

Primavera Primavera

Primavera

Q q

Queijo

Queijo Queijo

Queijo

Quati Quati

Quati

Quintal Quintal

Quintal

Quente Quente

Quente

R r

Rato

Rato Rato

Rato

Recreio Recreio

Recreio

Rio Rio

Rio

Roda Roda

Roda

S s

Sapo

Sapo Sapo

Sapo

Sol Sol

Sol

Sorvete Sorvete

Sorvete

Selva Selva

Selva

T t

Tatu Tatu

Tatu

Telha Telha

Telha

Trem Trem

Trem

Tartaruga Tartaruga

Tartaruga

U u

Urso

Urso Urso

Urso

Uva Uva

Uva

União União

União

Universo Universo

Universo

V v

Vaca

Vaca

Verde

Vizinho

Vogal

W w

Windsurf

Windsurf Windsurf

Windsurf

Web Web

Web

Wafer Wafer

Wafer

Windows Windows

Windows

X x

Xícara

Xícara

Xadrez

Xarope

Xerife

Y y

Yoga

Yoga Yoga

Yoga

Yuri Yuri

Yuri

Yasmim Yasmim

Yasmim

Yorkshire Yorkshire

Yorkshire

Z z

Zebra

Zebra Zebra

Zebra

Zero Zero

Zero

Zagueiro Zagueiro

Zagueiro

Zumbi Zumbi

Zumbi

Parabéns! Você já sabe escrever palavras em letra cursiva! Agora, vamos treinar algumas frases!

As rosas são bonitas e cheirosas.
É a minha flor preferida.

As rosas são bonitas e cheirosas.
É a minha flor preferida.

Adoro ler um bom livro. Você aprende muito a cada leitura, sabia?

Adoro ler um bom livro. Você aprende muito a cada leitura, sabia?

Exercite a escrita, copiando as frases:

Na fazenda existem muitos animais.
O meu preferido é o Cavalo.

Na fazenda existem muitos animais.
O meu preferido é o Cavalo.

Eu tenho muitos amigos na escola.
E vários professores legais.

Eu tenho muitos amigos na escola.
E vários professores legais.

Exercite a escrita, copiando as frases:

Meu sonho é ser astronauta.
Vou poder ver a Terra do espaço.

Meu sonho é ser astronauta.
Vou poder ver a Terra do espaço.

Minha mãe faz comidas deliciosas.
Do que eu mais gosto é macarrão.

Minha mãe faz comidas deliciosas.
Do que eu mais gosto é macarrão.

Exercite a escrita, copiando as frases:

Tia Aurora é engraçada. Ela conta
várias piadas para nós.

Tia Aurora é engraçada. Ela conta
várias piadas para nós.

De manhã, tomo um café quentinho.
Adoro pão com queijo!

De manhã, tomo um café quentinho.
Adoro pão com queijo!

Exercite a escrita, copiando as frases:

No inverno, as folhas caem. Mas, na primavera, elas nascem novamente.

No inverno, as folhas caem. Mas, na primavera, elas nascem novamente.

Adoro desenhar e pintar as árvores do bosque da escola!

Adoro desenhar e pintar as árvores do bosque da escola!

Exercite a escrita, copiando as frases:

Paulo tem um pé de feijão. O pé
cresceu até o teto do quarto dele.

Paulo tem um pé de feijão. O pé
cresceu até o teto do quarto dele.

Hoje está chovendo. Preciso abrir o
guarda-chuva para não me molhar.

Hoje está chovendo. Preciso abrir o
guarda-chuva para não me molhar.

Exercite a escrita, copiando as frases:

Fui no mercado comprar café, uma
formiguinha subiu no meu pé.

Fui no mercado comprar café, uma
formiguinha subiu no meu pé.

Nas férias vou para a Bahia.
Eu adoro viajar com minha família.

Nas férias vou para a Bahia.
Eu adoro viajar com minha família.

Exercite a escrita, copiando as frases:

No final de semana vou com minha família ao circo.

No final de semana vou com minha família ao circo.

Adoro comer frutas! A de que eu mais gosto é a melancia.

Adoro comer frutas! A de que eu mais gosto é a melancia.

Exercite a escrita, copiando as frases:

Meu irmão é meu melhor amigo. Nós brincamos todos os dias juntos.

Meu irmão é meu melhor amigo. Nós brincamos todos os dias juntos.

O cachorro do meu vizinho se chama Rex. Ele é muito brincalhão.

O cachorro do meu vizinho se chama Rex. Ele é muito brincalhão.

Exercite a escrita, copiando as frases:

Os patos nadam todos os dias na
lagoa, perto da mamãe pata.

Os patos nadam todos os dias na
lagoa, perto da mamãe pata.

Fevereiro, Março e Abril são meses do
ano. Um ano tem doze meses.

Fevereiro, Março e Abril são meses do
ano. Um ano tem doze meses.

Exercite a escrita, copiando as frases:

Você precisa estudar muito.
A prova é amanhã!

Você precisa estudar muito.
A prova é amanhã!

Nas férias, irei para a casa da minha
avó. Lá é muito divertido!

Nas férias, irei para a casa da minha
avó. Lá é muito divertido!

Exercite a escrita, copiando as frases:

O macaco é um animal da floresta.
Ele vive nos galhos das árvores!

O macaco é um animal da floresta.
Ele vive nos galhos das árvores!

Eu fiz todas as tarefas da escola.
Minha professora adorou!

Eu fiz todas as tarefas da escola.
Minha professora adorou!

Exercite a escrita, copiando as frases:

A borboleta é bonita. Ela gosta de ficar perto das flores.

A borboleta é bonita. Ela gosta de ficar perto das flores.

Perto da minha casa tem um lindo parque. Todas as crianças brincam lá.

Perto da minha casa tem um lindo parque. Todas as crianças brincam lá.

Exercite a escrita, copiando as frases:

A banda da escola foi a campeã do festival de música da cidade.

A banda da escola foi a campeã do festival de música da cidade.

Maria Luiza é uma aluna esforçada, dedicada e inteligente.

Maria Luiza é uma aluna esforçada, dedicada e inteligente.

Exercite a escrita, copiando as frases:

Hoje é aniversário do Felipe.
Ele vai fazer uma grande festa!

Hoje é aniversário do Felipe.
Ele vai fazer uma grande festa!

O futebol é meu esporte favorito. Mas
gosto de vôlei, natação e handebol.

O futebol é meu esporte favorito. Mas
gosto de vôlei, natação e handebol.

Exercite a escrita, copiando as frases:

O arco-íris é tão bonito. O que será
que a gente encontra no final dele?

O arco-íris é tão bonito. O que será
que a gente encontra no final dele?

Marina adora dançar com suas irmãs.
Elas vão se apresentar na escola.

Marina adora dançar com suas irmãs.
Elas vão se apresentar na escola.

Exercite a escrita, copiando as frases:

O pai do Thiago é médico. Ele ajuda muitas pessoas.

O pai do Thiago é médico. Ele ajuda muitas pessoas.

Os pinguins vivem em lugares gelados do planeta Terra.

Os pinguins vivem em lugares gelados do planeta Terra.

Exercite a escrita, copiando as frases:

A bicicleta do Antônio é vermelha.
A minha é azul.

A bicicleta do Antônio é vermelha.
A minha é azul.

Os biscoitos com gotas de chocolate
estavam deliciosos.

Os biscoitos com gotas de chocolate
estavam deliciosos.

Exercite a escrita, copiando as frases:

O leão é o rei da floresta. A leoa
é a rainha.

O leão é o rei da floresta. A leoa
é a rainha.

Sofia adora fazer piquenique com a
sua família. Ela adora comer frutas.

Sofia adora fazer piquenique com a
sua família. Ela adora comer frutas.

Exercite a escrita, copiando as frases:

No jardim tem muitas flores.
A minha preferida é a margarida.

No jardim tem muitas flores.
A minha preferida é a margarida.

Os passarinhos voam tão alto! Deve
ser bonito ver as coisas lá de cima.

Os passarinhos voam tão alto! Deve
ser bonito ver as coisas lá de cima.

Exercite a escrita, copiando as frases:

Precisamos cuidar do meio ambiente,
reciclando o nosso lixo.

Precisamos cuidar do meio ambiente,
reciclando o nosso lixo.

No circo há diversas atrações.
A de que eu mais gosto é o mágico.

No circo há diversas atrações.
A de que eu mais gosto é o mágico.

Exercite a escrita, copiando as frases:

Meus tios foram viajar de navio.
E me trouxeram vários presentes.

Meus tios foram viajar de navio.
E me trouxeram vários presentes.

Windsurf é um esporte praticado
no mar.

Windsurf é um esporte praticado
no mar.

Exercite a escrita, copiando as frases:

Xerife é o nome do cachorro do meu avô. Ele mora em um sítio!

Xerife é o nome do cachorro do meu avô. Ele mora em um sítio!

Hoje, na escola, meus amigos e eu vamos brincar de amarelinha.

Hoje, na escola, meus amigos e eu vamos brincar de amarelinha.

Exercite a escrita, copiando as frases:

Minha avó faz o melhor e mais gostoso bolo de chocolate do mundo!

Minha avó faz o melhor e mais gostoso bolo de chocolate do mundo!

Eu gosto de pescar com meu avô!
Ele é um bom pescador.

Eu gosto de pescar com meu avô!
Ele é um bom pescador.

Exercite a escrita, copiando as frases:

Eu e a Kátia vamos dançar na festa junina da escola.

Eu e a Kátia vamos dançar na festa junina da escola.

Meu cachorro vive correndo atrás do gato da minha irmã.

Meu cachorro vive correndo atrás do gato da minha irmã.

Exercite a escrita, copiando as frases:

Comer pipoca, vendo televisão, em
um dia de chuva é tudo de bom!

Comer pipoca, vendo televisão, em
um dia de chuva é tudo de bom!

Na praia temos que ter cuidado com
o mar. Ele pode ser perigoso.

Na praia temos que ter cuidado com
o mar. Ele pode ser perigoso.

Complete as frases com suas características pessoais, em letra cursiva:

Meu nome é

A cor do meu cabelo é

Meu peso é

Minha altura é

A cor dos meus olhos é

O nome do meu pai é

O nome da minha mãe é

Meu melhor amigo é

Minha comida preferida é

O endereço da minha casa é

Eu estudo na escola